AF610736

ESSAI

SUR

HENRI-CHRISTOPHE,

Général Haïtien,

PAR

LE CITOYEN JOSEPH SAINT-REMY,
DES CAYES (HAÏTI).

Paris.
IMPRIMERIE DE FÉLIX MALTESTE ET Cie,
RUE DES DEUX-PORTES-SAINT-SAUVEUR, 18.

1839

ESSAI SUR HENRI CHRISTOPHE,

GÉNÉRAL HAÏTIEN.

L'histoire ne présente peut-être pas un personnage plus difficile à juger que le général Christophe; d'une part, des témoignages fort honorables l'élèvent au rang des plus grands hommes; d'une autre part, des voix recommandables sous tous les rapports n'ont qu'un cri d'anathême contre lui. Pour nous, jeune Haïtien, qui sommes étranger aux passions qui divisèrent nos pères, nous essaierons avec toute l'impartialité que commande l'histoire d'esquisser cette vie sur laquelle on a porté tant de jugemens divers, de narrer purement et simplement les faits, qui nous semblent mériter le plus de créance, sans oublier aucune circonstance essentielle, de manière à permettre au lecteur de déduire lui-même les conséquences. Telle sera notre marche. Nous formulerons ensuite notre jugement; nous laisserons encore ici, comme ailleurs, le lecteur prononcer en dernier ressort.

Henry Christophe naquit dans l'île de la Grenade, le 6 octobre 1767; il y était en 1779, époque à laquelle l'île était occupée par les Anglais, et servait dans un grand repas de militaires, au moment où l'approche de la flotte française, commandée par le comte d'Estaing, destinée à attaquer la Grenade, dispersa les convives, et les fit courir aux armes.

Christophe, laissé sur le rivage, y fut distingué par un officier français qui l'emmena à bord avec lui, et le conduisit au siége de Savannah; c'était le temps de la guerre de l'indépendance des États-Unis d'Amérique. Incorporé parmi les volontaires, il fut affranchi de droit. A la fin de la campagne, l'oncle du colonel Pétigny, qui était aussi volontaire, lui proposa de venir exercer au Cap Français son métier de maçon; « mais il ne fut pas plutôt débarqué en cette ville, qu'il s'attacha à un officier supérieur de la garnison, nommé Bardèche, qui depuis se retira du service et exerça l'art du raffineur. Cet officier colonisé, ayant perdu au jeu tout ce qu'il possédait, ne se fit pas scrupule d'exposer le sort de Christophe aux hasards d'une partie; le gagnant, à la discrétion duquel il tomba, le vendit au propriétaire de l'hôtel de la Couronne, et aucune loi ne le protégea contre le plus grand des attentats. Cependant, adroit dans l'art de flatter les passions, il joua bientôt près de son nouveau patron le rôle qu'il remplissait près du premier; il eut l'intendance de la maison de ce nouveau maître, devint si insinuant près de sa femme, qu'on reprochait à celle-ci d'avoir eu pour lui de coupables complaisances. . . . .

. . . .

. . . .

Ces soupçons, qui eussent été funestes à tout autre qu'à Christophe, lui furent utiles; il se rendit de plus en plus nécessaire à son patron, et soit que prenant soin de la réputation de sa femme, ce dernier voulût écarter d'elle d'odieux soupçons, ou que son absence lui parût nécessaire pour se livrer sans réserve aux débauches pour lesquelles il avait un goût décidé, il l'envoya en France où elle resta jusqu'en 1790.

« Pendant cette absence, Christophe s'empara tout entier de cet homme, et régna sur ses passions, dont il se servit pour le conduire. Lorsque sa femme fut de retour à Saint-Domingue, notre révolution ne tarda pas à éclater ; à l'annonce des événemens, on l'affranchit de nouveau dans l'intention de l'attacher au parti des colons, et l'on est aussi fondé à croire que son maître eut alors le désir de l'éloigner de sa maison (1). »

La taverne de la Couronne se trouvait située rue Espagnole ; Christophe y devint bientôt majordome ; c'est dans cet emploi qu'il apprit, par le contact continuel qu'il avait avec un grand nombre d'étrangers, à juger des hommes et des choses.

Il était d'une belle stature ; sa figure était même assez gracieuse ; son caractère énergique et violent dénotait déjà la tyrannie qu'il devait exercer sur une partie de ses concitoyens ; il maîtrisait la volonté de tous ses camarades. Voici à cette occasion une anecdote qu'il se plaisait souvent à raconter avec

(1) Voyage dans le nord d'Haïti, par le citoyen Hérard Dumesle, pages 229 et 230.

toute la verve qui le caractérisait : il se rendait un jour au Cap (c'était aux premiers jours de la guerre de la liberté); il se rendait, disons-nous, au Cap, sans avoir de permission du chef de son camp, avec un de ses amis nommé Félix; il se trouva tellement pressé par une patrouille des siens qu'il rencontra, qu'il fut obligé de prendre la fuite au grand galop; le cheval de Félix s'abattit, et le malheureux soldat se releva en portant la main à sa tête, et en criant lamentablement de toutes ses forces : *j'ai perdu un œil*; Christophe revint sur ses pas: *misérable*, lui dit-il avec le plus impassible sang-froid, *où veux-tu aller sans ton œil? retourne-le chercher promptement*...... Et le pauvre diable de Félix de retourner sur ses pas, par l'habitude de la soumission à la supériorité de son camarade.

Christophe, après son affranchissement, s'adonna au commerce des animaux; il allait dans la partie espagnole acheter des chevaux, des mulets et des chèvres, qu'il venait vendre dans la partie du nord; ce commerce le mit davantage en rapport avec les colons; c'est dans ce genre de vie que la révolution vint le prendre.

Il commença par servir dans la maréchaussée que les colons organisèrent; son esprit perspicace lui fit voir bientôt qu'il n'y avait pas grande fortune pour les nôtres sous les drapeaux de nos tyrans; il se retira dans les bois et porta avec les insurgés la flamme sur toutes les habitations.

Il faut convenir qu'il ne servit pas bien franchement la cause de la liberté dans cette première période de notre révolution; il trouvait toujours quelque motif pour se rendre au Cap; il a toujours prétendu qu'il ne faisait aux colons que de faux rapports; mais cette assertion est-elle vraie? Très aimé des blancs, dit le général Vincent (1), qui avaient été à même de l'apprécier, très utile aux noirs qui avaient besoin de ses connaissances locales, il se trouvait bien avec les uns et les autres. Voilà certes un éloge bien peu honorable; nous sommes fondé à croire que ceux de nos compatriotes que les colons honoraient de leur estime n'avaient pas cette fierté de caractère dont à la même époque l'illustre Pinchinat, à qui la république d'Haïti doit un monument, donnait un si magnifique exemple. Christophe était aimé des colons! à l'époque de

(1) Mémoires manuscrits.

nos premiers mouvemens insurrectionnels, alors que le sang d'Ogé criait vengeance et que nous étions traqués dans les rues du Cap comme des bêtes fauves! La mémoire de Christophe est à jamais flétrie rien que par cet éloge.

L'arrivée de Sonthonax et de Polvérel changea la face de l'île; pour expulser les Anglais du pays, ils le révolutionnèrent démocratiquement, à l'exemple de la mère-patrie ; Christophe entra dans les troupes franches en qualité de lieutenant; il ne tarda pas à se faire aimer de la demoiselle du commandant de son régiment : Codavid lui donna la main de sa fille. Ce mariage fut la cause principale de la rapide et étonnante fortune du jeune officier; il devint par la suite colonel de ce régiment.

La fortune de Christophe paraissait devoir s'arrêter là pendant long-temps; mais le malheureux événement du Cap, du 30 ventôse an 4, amena la proscription du brave général Villate et de tous ses compagnons de gloire. Christophe fut nommé commandant de la Petite-Anse en remplacement du colonel Beaubert. Christophe sut bien vite rétablir l'ordre autour de lui; il prit sous sa protection spéciale tous les colons qui demeuraient dans ce bourg, et telle fut son influence sur les insurgés, que jamais ils n'osèrent attaquer le territoire soumis à son commandement.

On peut citer dans cette période de sa vie plusieurs traits qui l'honorent. Le fils d'un homme qui avait commandé en chef dans la colonie, ne sachant que devenir après le premier incendie de la ville du Cap, avait pris du service dans une brigade de troupes franches; il y était devenu capitaine quartier-maître. Il eut le malheur de dissiper les fonds qui avaient été confiés à son honneur; le jeune homme vint presque se jeter aux pieds de Christophe et lui demander sa protection. Christophe l'accueillit avec bonté et le fit partir du pays, pour mettre sa tête à l'abri.

Quand toute l'île était en proie aux fléaux de la guerre, le canton soumis au commandement de Christophe jouissait pour ainsi dire seul de la sécurité; il en profita pour travailler à sa fortune privée. Le commissaire Julien Raymond l'associa à une vaste entreprise agricole ; il s'agissait d'exploiter une trentaine de sucreries prises à ferme du gouvernement. Christophe acquit ainsi de grandes richesses; il put faire étalage d'un luxe vraiment asiatique; ce n'est pas sans raison qu'un écrivain français a dit que de toutes les maisons des généraux de Toussaint-Louverture la sienne était la mieux montée.

Le général Christophe passa bientôt de ce commandement sédentaire au service actif de la guerre; il marcha avec Toussaint-Louverture contre les hauteurs de Vallières, où les Anglais et les émigrés entretenaient ce qu'ils appelaient la Vendée de Saint-Domingue. Le bourg de Vallières fut enlevé d'assaut par quatre colonnes : l'armée anglaise fut entièrement détruite. Christophe, qui avait puissamment contribué au succès de cette expédition, retourna au chef-lieu de son commandement.

Ce fut à cette époque que Toussaint-Louverture résolut de mettre à exécution le projet qu'il caressait depuis long-temps de prendre les rênes de la colonie; il fallait pour cela éloigner le commissaire Sonthonax, dont la présence l'embarrassait; il le fit nommer membre du Corps législatif. Sonthonax cependant ne se hâta pas de partir. Toussaint chargea le chef de brigade Christophe de l'y contraindre; le citoyen qui avait pris sous sa responsabilité de proclamer la liberté générale, l'homme qui, malgré le machiavélisme de sa politique, avait rendu de si grands services à la race noire, Sonthonax fut obligé de céder à une intrigue et de se retirer de la colonie.

Toussaint, maître de tout le pays, ne trouva plus qu'une seule popularité qui balançât la sienne: c'était celle du général André Rigaud; il eût été bien aise d'en être délivré, mais n'anticipons point sur les événemens. Christophe, sans doute pour prix du succès avec lequel il fit embarquer le commissaire Sonthonax, fut nommé commandant de la ville du Cap.

Le général Hédouville, nommé agent par le Directoire, arriva à Saint-Domingue au commencement de 1798; il venait pour contrebalancer cette tendance à l'indépendance dont Toussaint était animé. Christophe fut lui rendre sa visite; l'agent le reçut froidement; il eut, peu de temps après, une altercation assez vive avec lui à l'occasion de quelques matériaux de l'habitation Saint-Michel, dont Christophe voulait disposer; dès lors le chef de brigade voua à l'agent une haine redoutable.

La plus violente mésintelligence éclata bientôt entre Toussaint et Hédouville; ce dernier s'embarqua pour la France au mois d'octobre 1798; il lança en partant une virulente proclamation, qui avança le terme des hostilités de Toussaint et de Rigaud. Christophe fut obligé d'aller servir dans le sud; il eût le commandement de la principale colonne qui assiégeait la ville de Jacmel. Tous les partisans de Rigaud avaient pris cette ville pour point central de réunion; le chef de brigade Borno Déléard évacua Marigote et chercha à rabattre sur cette ville; Toussaint, pour s'opposer à cette jonction, détacha Christophe avec sa colonne pour envelopper Borno; Christophe fut entièrement défait, et Borno rentra le 27 octobre à Jacmel.

Le siége fut long et meurtrier; l'adjudant-général Pétion, qui commandait la place, fut obligé de l'évacuer le 10 mars 1800; l'avant-garde que Pétion commandait en personne passa sur le ventre aux troupes de Christophe. La ville évacuée, Christophe se signala par des crimes inouïs; il fit précipiter tout vivans, dans le puits de l'habitation Ogé, les malheureux qui étaient tombés en son pouvoir; il n'épargna ni le sexe, ni l'enfance; il laboura avec un poignard, et de ses propres mains, le ventre d'une femme enceinte..... Ces crimes, dont la connaissance dut certainement parvenir aux oreilles de Toussaint, restèrent impunis; Dessalines cependant les désapprouva hautement.

Cependant le commandement du Cap ayant été laissé, en l'absence de Christophe, au général Moyse, commandant de la province du nord, et la ville souffrant beaucoup des vols qui se commettaient fréquemment, les habitans, qui probablement avaient besoin d'un bourreau, demandèrent le retour de Christophe; celui-ci ne tarda pas à rétablir la sécurité par la terreur qu'il inspirait.

Toutefois, deux cultivateurs assassinèrent un blanc pacotilleur; Christophe les fit saisir et conduire de la ville au champ de leur meurtre, si étroitement liés l'un à l'autre, que leurs membres se rompaient; ces malheureux poussaient des cris affreux sur toute leur route; ils imploraient la mort; elle ne leur fut accordée qu'au lieu où était tombée leur victime..... Cet acte de justice, si l'inflexibilité est justice, quand elle se présente avec des circonstances si affreuses, souleva l'indignation de tous les hommes de bien du Cap.

Pendant toute la guerre sacrilége de Toussaint et de Rigaud, Christophe fut l'exécuteur des hautes-œuvres du premier. Christophe Mornay, commandant au Port-au-Prince; Pierre

Michel, général, Dustoux, le chef de brigade Barthélemy, commandant du Limbé, et une foule d'autres citoyens marquans, qui étaient soupçonnés de sympathiser avec le général Rigaud, lui furent envoyés au Cap : il les fit fusiller.

Christophe fut nommé général de brigade après cette guerre, en récompense du dévoûment avec lequel il avait servi le général Toussaint; ce fut à cette époque que la Constitution du 19 floréal an IX parut. Cet acte, qu'on peut appeler le manifeste d'indépendance de Toussaint, fut mal accueilli par Christophe; il a dit que c'est parce que cette Constitution avait été rédigée par des hommes qui étaient *nos plus cruels ennemis.* Un Français, fort estimable, le général Vincent, l'a répété d'après lui, mais c'est un vain prétexte; la Constitution était l'œuvre de Toussaint seulement; l'assemblée centrale n'avait fait qu'enregistrer ses volontés.

Nous aimons mieux croire que Christophe prévoyait que cette Constitution allait servir de motif à une guerre cruelle avec la France.

La Constitution de Toussaint fut à peine promulguée, qu'une terrible révolte éclata dans le nord, au mois de vendémiaire an X (septembre 1800). Christophe maintint l'ordre au Cap; il fit parcourir la ville par des patrouilles; il alla lui-même à l'espèce de faubourg appelé le Carénage, il y trouva un grand nombre d'hommes et de femmes, il voulut les dissiper; le nommé *Trois-Balles* lui adressa une énergique apostrophe. Le général fit passer son cheval sur lui; il allait le frapper de son sabre, mais il se contenta de le faire arrêter, ainsi que beaucoup d'autres citoyens; le lendemain l'ordre était rétabli dans la ville. Pendant que Toussaint et Dessalines balayaient la Souffrière, la Rivière-Dorée, le Fond-Bleu et le Limbé, Christophe, à la tête d'un détachement de la première demi-brigade et d'une partie de la cinquième, mettait en pleine déroute sur l'habitation Vaudreuil l'avant-garde des révoltés, qui marchait sur le Cap.

Toutes les voix s'élevèrent autour de Toussaint pour accuser le général Moyse-Louverture, neveu du gouverneur-général, d'être le moteur de cette insurrection; Moyse n'était aimé d'aucun de ses collègues ; sa conduite humaine et éclairée faisait la censure la plus terrible de la leur. Héros à la fleur de l'âge, il avait préservé la ville du Môle des tentatives du chef de brigade Bellegarde, partisan du général Rigaud, sans avoir recours à aucun des moyens violens qu'employaient ses autres camarades; il s'était toujours montré le protecteur de tous les innocens, sans distinction de couleur; il avait fait la guerre au général Rigaud comme au chef d'un parti ennemi, mais non comme au chef d'une caste qu'il fallait détruire; « les véritables ennemis de mon oncle, disait-il, ce ne sont point ceux qu'il pense; il n'a pas d'autres ennemis que les colons. » Aussi rien ne faisait plus de peine au jeune général que la prédilection particulière avec laquelle le vieux Toussaint traitait le reste des monstres qui avaient versé le sang d'Ogé, de Chavanes, qui avaient appelé l'Anglais dans l'île, qui avaient toujours repoussé les moindres améliorations à l'odieux système colonial et qui ne souscrivaient que de la bouche aux changemens qu'avait apportés la révolution.

Moyse n'avait que trop d'ennemis; comme il semblait destiné à recueillir l'héritage politique de son oncle, ses collègues envièrent encore plus son sort. Le général Toussaint, qui croyait consolider sa puissance en caressant tous nos ennemis, voyait avec un dépit secret les principes politiques de son neveu.

Nous nous faisons scrupule de croire avec beaucoup d'écrivains que ce fut le général Toussaint qui fomenta la révolte du nord, pour avoir une occasion de frapper Moyse et pour donner aux hommes blancs un gage de la sincérité de sa conduite à leur égard.

Quoi qu'il en soit, les révoltés dans leurs combats criaient : vive le général Moyse! ils ne cessaient de dire que c'était lui seul qui entendait les vrais intérêts du pays. Moyse fut arrêté, jugé et fusillé au port de Paix, le 26 novembre; il périt innocent, car il avait trop de sagesse pour s'imaginer qu'une révolte débarrasserait le pays de son oncle; il ne savait que trop bien qu'une pareille tentative ne ferait que couler inutilement le sang de ses frères.

Nous demandons pardon au lecteur de cette petite digression; nous avions à cœur de rendre en passant ce faible hommage à la mémoire d'un des plus nobles caractères que l'histoire d'Haïti puisse présenter. Christophe recueillit la dépouille de Moyse; il fut nommé commandant de la province du Nord; ce fut dans ce poste que l'arrivée de l'armée, sous les ordres du général Leclerc, le trouva.

Il avait à sa table trente blancs qu'il traitait dans sa maison de plaisance près du Cap, quand on vint lui annoncer l'apparition de la flotte française; il se leva pour porter un toast aux nouveaux arrivans et partit pour la ville, où il donna tous les ordres pour bien recevoir les Francais; mais une proclamation irritante distribuée à son insu lui donna lieu de soupçonner les intentions de l'armée française; il répondit aux parlementaires qu'on lui avait envoyés qu'il attendrait les ordres du gouverneur-général Toussaint-Louverture avant de rien faire.

Leclerc, fâché de ce contre-temps, lui écrivit : « J'apprends » avec indignation, citoyen général, que vous refusez de rece- » voir l'escadre française et l'armée française que je commande, » sous le prétexte que vous n'avez pas d'ordre du gouverneur- » général..... Je vous préviens que, si aujourd'hui vous ne m'a- » vez fait remettre les forts Picolet et Belais, et toutes les bat- » teries de la côte, demain, à la pointe du jour, quinze mille » hommes seront débarqués.

» Quatre mille hommes débarquent en ce moment au Port- » Liberté, huit mille débarquent au Port-Républicain....»

Cette lettre est du 13 pluviôse an 10. Voici la réponse que le général Christophe lui fit le même jour : « Votre aide-de- » camp, général, m'a remis votre lettre de ce jour. J'ai l'hon- » neur de vous faire savoir que je ne pouvais vous livrer les » forts et la place confiés à mon commandement, qu'au préa- » lable j'aie reçu les ordres du gouverneur-général Toussaint » Louverture, mon chef immédiat, de qui je tiens les pouvoirs » dont je suis revêtu. Je veux bien croire que j'ai affaire à des » Français et que vous êtes le chef de l'armée appelée expé- » ditionnaire; mais j'attends les ordres du gouverneur, à qui » j'ai dépêché un de mes aides-de-camp, pour lui annoncer » votre arrivée et celle de l'armée française, et jusqu'à ce que » sa réponse me soit parvenue, je ne puis vous permettre de » débarquer. Si vous avez la force dont vous me menacez, je » vous prêterai toute la résistance qui caractérise un général ; » et si le sort des armes vous est favorable, vous n'entrerez » dans la ville du Cap que lorsqu'elle sera réduite en cendres, » et même sur ses cendres je vous combattrai encore....

» Quant aux troupes qui, dites-vous, débarquent en ce mo- » ment, je ne les considère que comme des châteaux de car- » tes que le vent doit renverser.

» Comment pouvez-vous me rendre responsable des évé-
» nemens? Vous n'êtes point mon chef : je ne vous connais
» point et par conséquent je n'ai aucun compte à vous ren-
» dre, jusqu'à ce que le gouverneur Toussaint vous ait re-
» connu.

» Pour la perte de votre estime, général, je vous assure
» que je ne désire pas l'obtenir au prix que vous y attachez,
» puisqu'il faudrait agir contre mon devoir pour l'obtenir. »

Ce beau langage n'a pas besoin de commentaire; aussitôt Christophe fit garnir le fort de canons, de boulets et de charbon de terre; à neuf heures du soir la générale battait dans toutes les rues; la municipalité s'assembla ; elle arrêta qu'une pétition serait présentée au général Christophe, pour le prier de ne pas inaugurer la guerre, et de remettre aux mains du général que la métropole envoyait les forts de la ville; la municipalité cherchait dans cette pétition à émouvoir son cœur par le tableau déchirant des malheurs dont la ville, rebâtie depuis peu à si grands frais, allait devenir le théâtre.

Le général reçut à minuit la députation chargée de lui présenter la pétition; il répondit : «Je suis militaire, je ne connais pour chef
» suprême que Toussaint-Louverture; rien ne prouve qu'une es-
» cadre sur laquelle je vois flotter des pavillons étrangers soit
» envoyée par la métropole; les proclamations ont été fabri-
» quées à bord ; la France aurait pris d'autres moyens pour
» faire connaître ses ordres; elles les aurait envoyés par un
» aviso et non par des escadres étrangères. Si le soi-disant ca-
» pitaine général Leclerc persiste à vouloir entrer au Cap, la
» terre brûlera avant que l'escadre mouille dans la rade. »

Christophe voulut bien permettre néanmoins qu'une députation de la ville se rendit à bord de l'escadre demander un délai de quarante-huit heures, pour laisser à Toussaint-Louverture le temps de donner ses ordres. Le général Leclerc répondit que le général Christophe devait se soumettre de suite, sinon qu'il allait attaquer la place.

L'escadre, ne pouvant avoir de pilote et éprouvant d'autres contrariétés, ne put débarquer ses troupes dans cette journée du 15 ; elle prit le large. Le 16 de grand matin, la municipalité tenta encore d'émouvoir le général Christophe; elle le trouva inexorable.

L'attaque ne pouvait pas beaucoup tarder ; Christophe donna

ordre à toute la garnison de se porter sur la place d'armes; il la passa en revue; il lui fit prêter serment de vaincre ou de mourir, suivant une proclamation du gouverneur-général, en date du 27 frimaire (18 décembre 1801). Il distribua à chaque soldat des lances à feu et en fit déposer dans toutes les maisons. Pendant que Leclerc opérait son débarquement à la baie de l'Acul, Christophe, après avoir fait évacuer la ville par les femmes et les enfans, et après que la batterie du fort Picolet eut humilié le pavillon d'un vaisseau qui s'était approché de terre, Christophe, se voyant menacé à dos par l'armée française, donna à six heures du soir le signal de l'incendie.

Les bureaux du contrôle de la marine, la grande église, la caserne, l'arsenal, le magasin de l'état, le palais du gouvernement, le greffe, tout devint en un instant la proie des flammes. Leclerc entra au Cap: mais la *terre avait brûlé!*

Christophe avait pris position au haut du Cap; ce fut là que Toussaint-Louverture, qui arrivait de Santo-Domingo, le rencontra; il lui donna ordre d'aller s'établir à la Grande-Rivière. Christophe avait avec lui un bataillon du premier régiment, le deuxième régiment et deux bataillons du cinquième; il ne tarda pas à être forcé par la division Rochambeau; le combat avait été opiniâtre; le général Christophe avait perdu trois bataillons. Il rallia les deux autres au bourg d'Ennery; de là, il fut envoyé par Toussaint occuper les rochers de Bayonnet, pour couvrir la droite de la position du général en chef en avant des Gonaïves. Contraint de céder devant l'impétuosité de la division Hardy, Christophe reçut l'ordre de se rendre à la petite rivière de l'Artibonite, qui allait devenir le centre de toutes les opérations. Rappelé presqu'aussitôt dans le nord, il organisa une division redoutable; il avait trois bataillons du 2e et du 3e et un bataillon du 1er; il rallia autour de lui les milices du Grand-Boucan, de Valières, de Sainte-Suzanne, de Sans-Soucy et du Port-Français; avec cette division, courageusement secondée par les milices, Christophe harcela continuellement les troupes françaises, fut vaincu souvent; mais chacune de ses défaites équivalait à un triomphe; toutes les marches et contre-marches qu'il faisait faire à l'ennemi épuisaient ses forces: devant des stratégistes il faut de la tactique.

Les choses en étaient là, quand le général Leclerc commença à négocier avec Toussaint-Louverture. Christophe, que le général français avait tenté plusieurs fois, mais vainement, de faire entrer sous ses drapeaux, fatigué de cette guerre si terrible, eut le 20 mai, par l'entremise de son ami le chef de bataillon Wilton, une entrevue au haut du Cap avec le général Leclerc; là, sa trahison fut convenue. Mais ce qu'il y a de plus odieux, c'est qu'au sortir de cette entrevue, le général Christophe osa se présenter à la Marmelade, quartier-général de Toussaint; il lui parla de l'entrevue qu'il avait eue avec le général Leclerc; il lui dit seulement que le général français se repentait d'avoir provoqué la guerre. Toussaint le blâma vertement de cette démarche, lui donna l'ordre formel de n'avoir aucune communication avec l'armée ennemie (1). Malgré la promesse qu'il venait de faire à son général, Christophe fut se mettre aux ordres du général Leclerc avec douze cents hommes environ qu'il commandait et suivi de deux mille habitans, que Toussaint pouvait considérer comme des ôtages. Cette trahison ne tarda pas à être suivie de celle de Dessalines. Réduit presqu'à ses propres forces, abattu par deux événemens auxquels il s'attendait si peu, le général Toussaint pensa qu'une plus longue résistance était inutile; il se rendit au général Leclerc; en allant au Cap, il s'arrêta aux avant-postes du général Frescinet; le perfide Christophe lui envoya dire par le colonel Robillard qu'il était à ses ordres. Je n'ai pas de réponse à vous faire au sujet de votre mission, lui répondit noblement Toussaint.

Christophe fut chargé du désarmement de tous ceux de ses compatriotes qui s'étaient armés pour repousser l'invasion française...

La paix ne dura pas long-temps; le grand Pétion, alors adjudant-général, releva, le 18 octobre, l'étendard de l'indépendance; Christophe, après beaucoup d'hésitation, finit par le suivre. Dessalines, nommé général en chef de l'armée, partit pour l'ouest après avoir laissé le commandement à Christophe, et après avoir laissé à l'adjudant-général Pétion l'ordre de venir le joindre sur les bords de l'Artibonite.

Après le départ de Pétion, Christophe perdit toute confiance dans le nord; le général Petit-Noël voulait le faire fusiller; il se sauva. Dessalines revint le rétablir dans son commande-

(1) Mémoires d'Isaac Louverture.

ment; la nouvelle guerre fut poussée avec vigueur; l'île échappa alors à la domination des Français. Christophe fut nommé commandant du département du Nord.

L'indépendance fut proclamée le 1er janvier 1804; Dessalines fut élevé au faîte du pouvoir; mais son despotisme le rendit odieux; il périt de la mort des tyrans.

Ce terrible, mais juste exemple de la colère des peuples, ne fut pas une expérience pour le général Christophe. Nommé président de la république qui venait d'être fondée, au lieu de venir prêter serment de fidélité à la nation, comme la loi constitutionnelle le lui prescrivait, il attaqua le Port-au-Prince à la tête d'une armée de dix-huit mille hommes. Le sénat chargea le général Pétion du salut public; un corps de trois mille hommes rencontra l'ennemi dans la plaine de Cybère, à trois lieues du Port-au-Prince. Le grand Pétion donna ordre à son avant-garde de se laisser attaquer avant de faire aucun mouvement; il voulait laisser au tyran du nord toute la responsabilité morale de cette horrible guerre.

L'avant-garde de Christophe, de son côté, n'osait commencer le feu; les avant-postes des deux partis se faisaient mutuellement cette question : *Pourquoi allons-nous nous égorger? N'est-il pas temps de cicatriser les plaies de la patrie?* Ces paroles s'échangeaient depuis une heure. Christophe, impatient d'entendre le feu, arriva de son arrière-garde où il se trouvait; il demanda l'officier supérieur qui souffrait ces pourparlers, au lieu de commencer l'attaque, et le fit fusiller de suite.

Le combat commença; l'armée de Pétion fut défaite; Christophe assiégea le Port-au-Prince pendant huit jours, après lesquels il retourna dans le nord. Pendant que le sénat mettait sa tête à prix, il établissait au Cap un gouvernement sous le nom d'*État d'Haïti*, dont il prenait le titre de président. La constitution qu'il dicta à de prétendus mandataires du peuple, qu'il tenait sous l'impression de la peur, est l'œuvre politique la plus dérisoire que l'histoire nous présente; nulle consécration d'aucun des généreux principes que la révolution avait fait naître; c'était la tyrannie d'un seul homme faite souveraine; c'était la substitution du despotisme d'un seul au despotisme des colons. « *Le gouvernement des affaires appartient au plus fort,* » dit Christophe dans un de ses manifestes politiques, au moment où il venait de remporter quelques avantages sur les armes de la république. Ce principe monstrueux, qui fut celui de tous les tyrans jusqu'à Bonaparte et jusqu'à lui Christophe, est l'ennemi du bonheur de l'humanité ; il n'y a plus de paix sur la terre ; il n'y a plus de sécurité ; les peuples deviennent des troupeaux que le *droit du plus fort* exploite.

La guerre, allumée par l'ambition du général Christophe, eut des alternatives de succès et de revers de part et d'autre. La descente du général Lamare sur les plages du nord au nom de la république avec un corps d'armée ; le mémorable siége de la ville du Môle, dont Christophe fit raser les maisons après qu'il s'en fut emparé : voilà l'événement le plus saillant jusqu'au moment où le tyran du nord, pour couronner dignement sa puissance se fit sacrer et couronner roi d'Haïti, sous le nom de Henri Ier (1).

Voici comment les choses se passèrent à cette occasion : Christophe donna une grande fête au fort Liberté ; après un magnifique repas, on célébra un carrousel. Madame Christophe était à la tête des dames, et Christophe à la tête des chevaliers.

Les succès et la magnificence du beau sire furent si éclatans, que les chevaliers ne purent s'empêcher de le saluer *Roi*. Le peuple fut obligé de répéter à son tour les cris de : *Vive le Roi!* Joachim Noël, qui commandait la place, monte à cheval comme un hérault d'armes, parcourt la ville, annonce que le *président de l'Etat d'Haïti* est maintenant Henri Ier, roi par la grâce de Dieu ; chacun est obligé de manifester sa part de joie d'un si glorieux événement.

Le soir, les nobles personnages se rendirent au Cap, précédés d'une nombreuse troupe de soldats ; les acclamations se répandirent dans toute la ville ; les autorités vinrent jurer hommage à leur *souverain* ; le canon des forts et de la rade salua le grand acte qui venait de s'accomplir.

Le lendemain la *monarchie* fut proclamée ; quelques jours après la cérémonie du couronnement eut lieu. Les choses ne s'arrêtèrent pas en si bon chemin ; une noblesse fut créée ; le général Joachim Noël fut fait *prince* ; le général Magny *duc de Plaisance* ; le général Richard, *duc de la Marmelade* ; le géné-

(1) 2 juin 1811.

ral Chaumatte, *comte des Rosiers*, etc., etc. Le roi eut des petits levers; pourquoi pas? Bonaparte n'avait-il pas donné le même spectacle à l'Europe?

L'ordre royal de Saint-Henri fut créé; le *roi* reçut de la munificence nationale dix châteaux dans les diverses parties du *royaume*; il institua, en retour, des majorats en faveur de la *noblesse*. Christophe fonda plusieurs établissemens d'instruction publique; des Anglais en eurent la direction; l'on n'y enseignait que la langue anglaise; le *roi* proscrivait la langue maternelle. La forteresse Laférière, qu'il fit élever sur le sommet de la montagne de Ferrier, est le seul monument qui honore sa mémoire; cet édifice présente à l'œil l'architecture la plus hardie qu'on puisse s'imaginer; un écrivain anglais a dit avec raison qu'on pourrait donner à cette forteresse le nom de château en l'air (1); un double rempart couvre les batteries, qui peuvent contenir cinq cents pièces de gros calibre, mais il n'y en a que trois cents. Une place d'armes, de magnifiques casernes et de vastes prisons sont dans le centre du château; une autre forteresse, située au couchant de Laférière et connue sous le nom des Ramiers, n'est pas moins digne de la curiosité des voyageurs.

Après avoir bien consolidé la verge de fer qu'il appesantissait sur le nord, Christophe jugea le moment favorable pour venir attaquer de nouveau le Port-au-Prince (mars 1812).

Le président de la république, le citoyen Pétion, était alors aux Cayes, où il faisait éclater les transports de la joie. Le général Boyer marcha à la rencontre du tyran du nord; ses efforts héroïques ne purent arrêter long-temps la nombreuse armée de Christophe; le siége du Port-au-Prince fut posé et poursuivi avec vigueur pendant trois mois.

Christophe laissa le commandement de son armée au général Joachim, et se rendit à Saint-Marc pour visiter sa femme qui s'y était rendue avec la *cour*; pendant cet intervalle, le colonel Marc Servant et le général Magny se rendirent avec leurs divisions sous le drapeau de la république.

Le tyran revint en toute hâte sous les murs de Port-au-Prince, et leva le siége précipitamment, tant il craignait la défection du reste de ses légions. De retour au Cap, Chris-

(1) Haïti, renseignemens authentiques.

tophe lança un décret de mort contre tous ceux qu'il soupçonnait d'attachement à la cause de la république ; la vieillesse, le sexe, l'enfance, rien ne fut épargné. Ce carnage fit une plaie si épouvantable à la patrie, que la république sentira encore long-temps les pertes douloureuses qu'elle fit alors.

La défection de la flotte, que Christophe envoyait dans le sud pour soutenir la rébellion d'un soldat de la république, à qui il conféra le titre de *comte* de Jérémie, vint aggraver davantage son humeur féroce ; sa tyrannie ne connut plus de mesure ; le moindre soupir était interprété et puni de mort. Une soldatesque effrénée, qui n'avait d'autre volonté que les caprices du maître, répandait la terreur dans toutes les campagnes ; les *royaux-Dahomet*, véritables janissaires, étaient les exécuteurs des hautes œuvres du tyran. Oh! si, dans les temps modernes, l'histoire était embarrassée de mettre en parallèle un second Caligula, qui n'a voulu à quelque peuple qu'une seule tête pour l'abattre d'un seul coup, elle n'aurait qu'à prendre le tyran du nord d'Haïti!

Christophe n'avait d'autre principe de gouvernement que la terreur ; l'insensé! il s'imaginait que les chefs consolident leur puissance par la violence! il s'imaginait qu'on moralisait les peuples en les accablant du poids de la tyrannie! il voulait propager l'habitude du mariage ; il ne trouva d'autres moyens que la violence. Le despotisme est absurde, en toutes choses et pour toutes choses, la violence est toujours la violence! ce qu'un sage législateur obtient par de bonnes et douces lois, le despote le fait par sa seule volonté ; mais qu'en résulte-t-il ? une anarchie sociale incessante. Christophe forçait deux individus qui ne s'étaient jamais vus à s'unir ; deux autres qui se haïssaient se mariaient à la voix du *monarque* ; aucune alliance ne se célébrait sans son consentement ; un mariage qui ne lui plaisait pas se dissolvait et se reconstituait sous une autre phase. Les citoyens étaient obligés de se vêtir suivant la mode que le *roi* prescrivait ; les moindres infractions étaient presque rangées au nombre des crimes d'état. Oh! Providence, préservez à jamais l'humanité entière de pareils chefs!

Christophe avait fait enlever sur le territoire de la partie espagnole Franco de Médina, un des commissaires que

Louis XVIII envoya en 1814 en Haïti, pour tenter de faire rentrer l'île sous la domination française ; il le fit conduire à l'église, qui était toute tendue de noir ; un *requiem* fut chanté, à l'issue duquel Médina fut mené sur la place d'armes ; là, il fut lié à un poteau, et reçut les insultes de toute la populace pendant une journée ; les coups ne lui furent pas épargnés. Le malheureux souffrait d'horribles tourmens ; il implorait à grands cris la mort, elle finit par lui être accordée.

Bien que Médina fût plutôt un espion qu'un négociateur, nous ne pouvons que flétrir la manière barbare dont justice en fut faite.

« Le moindre obstacle, dit le citoyen Hérard-Dumesle (1), irritait de telle sorte cet être capricieux et hautain, qu'il effrayait tous ceux qui l'entouraient. S'en retournant une fois de Limonade au Cap, les roues de sa voiture s'enfoncèrent dans un bourbier et s'y prirent ; il s'élança hors du carrosse et demanda ses pistolets. Aussitôt les guides, les généraux, les officiers, et indistinctement tout ce qui formait son escorte, se précipitent de leurs chevaux, et tâchent de les retirer. Impatient de ce moment de retard, il veut faire feu sur les chevaux, mais les pistolets s'y refusent. Alors, ne se possédant plus, il ordonne aux *chevau-légers* de les *battre en brèche* ; cette expression, qui était dans sa bouche le signal du massacre, devint pour ses guides un ordre qui fut aussitôt exécuté que prononcé. Ces cavaliers coupent les jarrets des chevaux qui expirent dans ce lieu. L'affreux monarque saute à cheval et poursuit sa route. Pour se consoler de ce sacrifice, il ordonna au commandant du quartier de lui renvoyer son carrosse, sans une égratignure, avec quatre cents gourdes par chacun des chevaux tués. »

Nous pourrions citer une foule de faits pareils à celui-ci ; mais nous craignons d'émousser la sensibilité du lecteur.

Dissolu et crapuleux, quoique des écrivains aient voulu le faire passer pour un homme plein de moralité, Christophe au sortir d'un de ses champs de carnage passait son temps au jeu et à la table ; ces deux passions aiguisaient ses appétits tyranniques ; que de fois après quelques parties où il avait perdu, il envoya le gagnant à la mort ! L'on a remarqué que l'har-

(1) Ouvrage précité.

monie musicale produisait sur son âme un effet désagréable; il n'aimait que des chants qui peignent les horreurs de la guerre.

Il semblait ignorer tous les progrès que l'esprit public avait faits sous l'administration du grand Pétion et sous celle du général Boyer; il députa deux fois des négociateurs au Port-au-Prince pour faire rentrer les rebelles sous le giron paternel de sa monarchie; ces négociateurs n'eurent pas le loisir de faire beaucoup de frais de leur éloquence diplomatique.

Pendant que Christophe semait le deuil et l'effroi dans le nord, la république perdait son fondateur; le peuple tout entier accompagnait les dépouilles du grand Pétion à leur dernière demeure; la doûleur publique était vive. Le général Boyer monta à la présidence; on a dit de lui qu'il fit cesser les pleurs que la mort du citoyen Pétion faisait répandre; c'est le plus bel éloge qu'on puisse faire du dévoûment avec lequel il recueillit la mission difficile de pacifier la république.

Le nouveau président commença par éteindre la guerre civile de la Grande-Anse; Goman fut tué; Boyer préparait une expédition contre le nord, quand Christophe fut frappé d'une attaque d'apoplexie dans l'église de Limonade le 15 août 1820.

Christophe fut obligé de garder le lit; alors la ville de Saint-Marc s'insurgea. Le tyran voulut se mettre à la tête de son armée; il se fit frictionner le corps avec un mélange d'eau-de-vie et de *pimens-d'oiseaux*; ce remède raviva l'élasticité de ses membres; il allait monter en voiture, lorsque le vent frais du matin le saisit et détruisit l'effet de son invention.

Il fut obligé de confier le commandement de son armée à Joachim. Le Cap était en pleine révolution; Joachim, arrivé au haut du Cap, se vit abandonné par ses soldats. Le général Boyer envahissait déjà le nord; le pavillon de la république flottait à Saint-Marc. Christophe voulut se faire porter à la forteresse Laférière; mais tous ses serviteurs l'avaient abandonné; il appela ses enfans, les embrassa et se brûla la cervelle le dimanche 8 octobre 1820, à sept heures et demie du soir

Son corps fut jeté sous le plancher d'un bâtiment à demi-achevé, au milieu de Laférière; des causes chimiques inhérentes à la terre de cet endroit conservent jusque aujourd'hui le cadavre presque avec toute la pureté de ses formes.

Le général Boyer entra au Cap; les fils de Christophe et plusieurs officiers supérieurs, qui s'étaient montrés trop fidèles instrumens de la barbarie du tyran, avaient été déjà immolés à la vengeance populaire. Le général Boyer regretta que le sang eût coulé dans la journée du 18; toute ma sollicitude, dit-il, tendait à l'épargner (1). Ces belles paroles dénotent une grandeur d'âme peu commune; le président refusa de faire rechercher les monstres qui avaient fait assassiner son frère sous le règne du tyran; il prit sous sa protection spéciale madame Christophe et ses filles; il les fit conduire au Port-au-Prince; de là ces dames partirent pour l'Europe; une des demoiselles est aujourd'hui mariée à Londres; les autres sont avec leur mère dans une ville de l'Italie.

Christophe est mort il y a long-temps; les passions sont calmées; mais le jugement de ses contemporains est confirmé; essayons de résumer notre esquisse.

Christophe fut un roi bourreau de ses concitoyens; sa misérable ambition plongea le nord dans le deuil; l'action violente de son gouvernement avait ramené le peuple aux plus mauvais jours du système colonial. S'il fit bâtir des palais, s'il appela dans le pays des fondeurs, des tisserands et d'autres arts utiles, il n'y a rien de si extraordinaire en cela, comme on le prétend; rien n'est plus facile que de répandre l'or du trésor public pour ces entreprises; mais la prospérité nationale en profite-t-elle davantage?

Le chef du peuple le plus barbare peut faire les mêmes choses, sans que pour cela la civilisation y soit plus avancée; pour qu'une société prospère, il ne suffit pas que le chef ait le monopole de toutes les manufactures; il faut que ce soient de bonnes lois qui fassent naître l'émulation; il faut que ce soient les particuliers qui commercent et spéculent. Christophe était le principal négociant et fermier de son *royaume*; il ne laissait d'entreprises aux autres que celles dont il ne voulait pas; aussi il était immensément riche; il pouvait étaler le faste le plus asiatique. Les yeux se trompaient; ils étaient éblouis; on concluait avec l'espèce d'ordre qui régnait sur toutes les habitations, de la fortune du souverain à la fortune des particuliers.

C'est là la cause de ces louanges que beaucoup de person-

(1) Ordre du jour du 28 octobre.

nes donnent encore à l'administration du tyran du nord; erreur! L'ordre n'était qu'apparent, la prospérité n'était que factice; tout le système devait tomber avec un seul homme.

Voilà notre jugement au point de vue politique; que dirons-nous au point de vue moral?... Quand la voix de tout un peuple s'élève pour accabler un citoyen, ce n'est pas sans raison; le bourreau de Jacmel, le transfuge du camp de Toussaint-Louverture, l'assassin de Roumage jeune, de Saint-Georges, de Papalier, de Montorsier, de Vilton, de Vernet et de Pierre Toussaint, doit être lié au pilori de l'histoire.

SAINT-REMY (des Cayes, Haïti).

www.ingramcontent.com/pod-product-compliance
Ingram Content Group UK Ltd.
Pitfield, Milton Keynes, MK11 3LW, UK
UKHW020411250726
13967UKWH00006B/2578